2학년 2학기
급수표

받아
쓰기

스쿨존에듀
SCHOOLZONE

2학년 2학기 급수표 받아쓰기

ISBN 979-11-92878-34-8 63710 ‖ **초판 1쇄 펴낸날** 2024년 11월 30일

펴낸이 정혜옥 ‖ **기획** 컨텐츠연구소 수(秀)

표지디자인 book design twoesdesign.com ‖ **내지디자인** 이지숙

홍보 마케팅 최문섭 ‖ **편집** 연유나, 이은정 ‖ **편집지원** 소노을

펴낸곳 스쿨존에듀 ‖ **출판등록** 2021년 3월 4일 제 2021-000013호

주소 04779 서울시 성동구 뚝섬로 1나길 5(헤이그라운드) 7층

전화 02)929-8153 ‖ **팩스** 02)929-8164 ‖ **E-mail** goodinfobooks@naver.com

블로그 blog.naver.com/schoolzoneok

스마트스토어 smartstore.naver.com/goodinfobooks

■ 스쿨존에듀(스쿨존)는 굿인포메이션의 자회사입니다. ■ 잘못된 책은 본사나 구입하신 서점에서 바꾸어 드립니다.

도서출판 스쿨존에듀(스쿨존)는 교사, 학부모님들의 소중한 의견을 기다립니다. 책 출간에 대한 기획이나 원고가 있으신 분은 이메일 goodinfobooks@naver.com으로 보내주세요.

초등학교 입학 후 첫 도전, 받아쓰기 시험

받아쓰기 급수표! 정답 다 알려주고 치르는 시험이지만 아이도 엄마도 여간 떨리는 게 아닙니다. 첫 시험이니까요. 어떻게 공부하면 받아쓰기 시험에서 만점을 받을 수 있을까요? 점수 자체가 중요해서라기보다 태어나 처음 치르는 학교시험이라는 점에서 높은 점수는 아이의 자존감을 살리고 학교생활에 자신감을 불어넣어 줍니다. 그러니 이왕 치르는 시험, 잘 준비하여 좋은 점수 받으면 좋겠지요? 집에서 조금만 신경을 써 줘도 큰 효과를 볼 수 있습니다.

학교에서 받아쓰기 급수표를 나누어주는 이유가 무엇인지 생각해 보아요. 집에서 연습하고 오라는 뜻입니다. 그렇다면 이 급수표를 어떻게 활용하면 좋을까요? 제대로 익히는 과정 없이 곧바로 불러주면 아이에게 부담줄 수 있으니 단계적으로 연습시켜야 해요. <2-2 급수표 받아쓰기>는 학교에서 나눠주는 '급수표'에 초점을 맞추어 숙련된 엄마표 방식을 덧붙였습니다. 이런 방식으로 시켜 보니 아이도 재밌어하고 받아쓰기 시험도 만만해졌답니다.

교과과정의 시스템을 따라가며 집에서 보완하는 공부가 진정한 엄마표 홈스쿨링의 목표인 만큼 아이들이 적극적으로 참여하도록 재미있는 놀이터와 소리내어 읽기, 따라쓰기를 반복하면서 철자가 자연스럽게 몸에 밸 수 있도록 구성하였습니다.

일러두기

- 2-2 국어 교과서에서 선별했습니다.
- <큰소리로 읽고> <여러 번 쓰고> <연습시험을 보는> 기본 3단 형태
- 학교 선생님들이 주시는 받아쓰기 급수표 참조, 가장 자주 나오는 유형을 모았어요.
- 가장 많이 사용하는 15급 기준! 단원별로 주 1회 받아쓰기를 대비해요.
- 읽기 4번, 쓰기 3번을 권하지만 무리하지는 마세요. 재밌고 쉽게 하는 게 원칙이에요.
- 받아쓰기를 보지 않거나 줄여서 보는 학교도 있어요. 그래도 익혀두면 좋겠지요?
- 칭찬은 많이, 구체적으로! 칭찬은 없던 자신감도 생기게 해요.

맞춤법 공부는 이렇게 해요~ 스르륵스르륵!

"한글 맞춤법은 표준어를 소리 나는 대로 적되, 어법에 맞게 함을 원칙으로 한다." (한글맞춤법 총칙 제1항)

받아쓰기와 맞춤법 공부는 떼놓을 수 없는 단짝이지요. 힘겹게 연필을 쥐고, 더듬더듬 읽고, 자기도 알아볼 수 없는 글자를 쓰는 어린 아이들에게 맞춤법까지 잘하라 하기에는 너무 가혹합니다. 소리와 다른 철자, 아무리 외워도 헷갈리는 띄어쓰기, 요상하게 생긴 문장부호 등은 외우는 데도 한계가 있습니다. 아이들이 틀린다고 나무라지 마세요. 자꾸 반복해 읽고, 보고, 들으며 공부하는 수밖에 없습니다.

우리말에는 소리와 생김새가 같은 말도 있지만, '국어'(구거)처럼 소리와 생김새가 다른 말도 많고, '내' / '네'처럼 소리는 같지만 뜻이 다른 경우들도 많이 있습니다. 아래 표 속의 어휘들이 그런 예입니다. 부모님들이 읽고 설명해 주세요.

【받침이 넘어가서 소리나는 경우】	【서로 닮아가며 소리나는 경우】
꽃이 ➡ 꼬치	공룡 ➡ 공뇽
꽃놀이 ➡ 꼰노리	설날 ➡ 설랄
꽃다발 ➡ 꼳따발	앞마당 ➡ 암마당
악어 ➡ 아거	앞머리 ➡ 암머리
어린이 ➡ 어리니	국물 ➡ 궁물
지갑에 ➡ 지가베	
웃어요 ➡ 우서요	
【받침이 2개인 경우】	【글자와 다르게 소리나는 경우】
많다 ➡ 만타	손등 ➡ 손뜽
맑다 ➡ 막따	눈사람 ➡ 눈싸람
여덟 ➡ 여덜	해돋이 ➡ 해도지
앓다 ➡ 알타	같이 ➡ 가치
밝았다 ➡ 발간따	묻히다 ➡ 무치다
넓어서 ➡ 널버서	등받이 ➡ 등바지
끓여서 ➡ 끄려서	

아래 표는 소리도 생긴 것도 비슷하지만 다르게 쓰는 사례예요. 어쩔 수 없이 외워야 하죠. 자주 보고 읽다 보면 문장 속에서 어떻게 쓰이는지 자연스럽게 익히게 된답니다. 헷갈리기 쉬운 말, 사이시옷이 들어가는 낱말 등도 계속 읽고 쓰며 반복하다 보면 익혀지니 겁먹지 마세요.

발음이 비슷하지만 뜻은 다른 말	낳다/낫다/낮다 짓다/짖다 짚다/집다 맡다/맞다 섞다/썩다 갖다/같다/갔다
모양이 비슷해서 헷갈리는 말	왠-/웬- 며칠/몇일(×) 알맞은/알맞는(×) 윗-/웃- 없다/업다/엎다
사이시옷이 들어가는 낱말	나뭇잎/냇가/바닷가/노랫말/등굣길/하굣길/빗소리
쉽게 틀리는 낱말	육개장/떡볶이/찌개/희한하다/얘들아/얘기
자주 헷갈리는 낱말	비로소(비로서×)/아무튼(아뭏든×) /덥석(덥썩×)

컨텐츠연구소 수(秀)

자음자, 모음자를 읽으며 바르게 써 보세요.

ㄱ	ㄱ	ㄱ	ㄱ
ㄴ	ㄴ	ㄴ	ㄴ
ㄷ	ㄷ	ㄷ	ㄷ
ㄹ	ㄹ	ㄹ	ㄹ
ㅁ	ㅁ	ㅁ	ㅁ
ㅂ	ㅂ	ㅂ	ㅂ
ㅅ	ㅅ	ㅅ	ㅅ
ㅇ	ㅇ	ㅇ	ㅇ
ㅈ	ㅈ	ㅈ	ㅈ
ㅊ	ㅊ	ㅊ	ㅊ
ㅋ	ㅋ	ㅋ	ㅋ
ㅌ	ㅌ	ㅌ	ㅌ

ㅍ	ㅍ	ㅍ	ㅍ
ㅎ	ㅎ	ㅎ	ㅎ
ㅏ	ㅏ	ㅏ	ㅏ
ㅑ	ㅑ	ㅑ	ㅑ
ㅓ	ㅓ	ㅓ	ㅓ
ㅕ	ㅕ	ㅕ	ㅕ
ㅗ	ㅗ	ㅗ	ㅗ
ㅛ	ㅛ	ㅛ	ㅛ
ㅜ	ㅜ	ㅜ	ㅜ
ㅠ	ㅠ	ㅠ	ㅠ
ㅡ	ㅡ	ㅡ	ㅡ
ㅣ	ㅣ	ㅣ	ㅣ

자음과 모음을 연결해 읽으며 바르게 써 보세요.

	ㅏ	ㅑ	ㅓ	ㅕ	ㅗ	ㅛ	ㅜ	ㅠ	ㅡ	ㅣ
ㄱ	가	갸	거	겨	고	교	구	규	그	기
ㄴ	나	냐	너	녀	노	뇨	누	뉴	느	니
ㄷ	다	댜	더	뎌	도	됴	두	듀	드	디
ㄹ	라	랴	러	려	로	료	루	류	르	리
ㅁ	마	먀	머	며	모	묘	무	뮤	므	미
ㅂ	바	뱌	버	벼	보	뵤	부	뷰	브	비
ㅅ	사	샤	서	셔	소	쇼	수	슈	스	시
ㅇ	아	야	어	여	오	요	우	유	으	이
ㅈ	자	쟈	저	져	조	죠	주	쥬	즈	지
ㅊ	차	챠	처	쳐	초	쵸	추	츄	츠	치
ㅋ	카	캬	커	켜	코	쿄	쿠	큐	크	키
ㅌ	타	탸	터	텨	토	툐	투	튜	트	티
ㅍ	파	퍄	퍼	펴	포	표	푸	퓨	프	피
ㅎ	하	햐	허	혀	호	효	후	휴	흐	히

2학년 2학기 받아쓰기 급수표

(1급) 1단원 장면을 상상하며

1. 단 짝 끼 리   오 순 도 순
2. 쏟 고 , 흘 리 고 , 묻 히 고
3. 뒤 꽁 무 니 부 터   잘 근 잘 근
4. 엉 금 엉 금   기 어   오 더 니
5. 망 가 뜨 릴 지 도   몰 라 .
6. 꼬 물 꼬 물   움 직 이 는   게
7. 다   풀 어   놓 았 어 .
8. 지 혜 롭 게   여 우 를   골 탕
9. 조 금   매 콤 하 고
10. 빗 자 루 를   진 짜   새 처 럼

(2급) 1단원 장면을 상상하며

1. 찾 으 러   나 가 야   하 나 ?
2. 호 로 록 호 로 록 , 두   입   먹 으 면
3. 녀 석 들 이   쳐 들 어 오 면 ?
4. 막 아   줄 테 니
5. 콧 잔 등 에   맛 있 는   짜 장
6. 아 빠   턱 에   묻 은   고 추 장 이
7. 늘   하 얗 게   만 들 려 고
8. 점 점   난 장 판 이   되 었 어 .
9. 입 속 에   침 이   고 이 는 걸
10. 두 꺼 비 가   물 독 의   깨 진

(3급) 2단원 서로 존중해요

1. 네   가 위   좀   빌 려 줄 래 ?
2. 칭 찬 하 는   점 과   그   까 닭 이
3. 이   까 불 이   토 끼 야 !
4. 꽃 같 이   예 쁜   말
5. 잘   먹 는   네 가   멋 져
6. 비 속 어 를   사 용 하 면   안   돼 .
7. 너 와   헤 어 져 서   아 쉬 워 .
8. 귀 찮 으 니 까   정 리 하 지   말 고
9. 물 건 을   떨 어 뜨 려 서   미 안 해 .
10. 입 을   크 게   벌 리 고   짖 는   개

(4급) 2단원 서로 존중해요

1. 찌 푸 린   표 정 으 로
2. 방 법 을   여 쭤 보 면
3. 맞 장 구   쳐   준 다 .
4. 기 분 이   상 하 지   않 게
5. 책 꽂 이 를   사 용 하 면
6. 앗 , 깜 짝 이 야 !
7. 머 리 맡 에   두 고   자 는
8. 경 기 에   져 서   속 상 해 .
9. 남 기 지   않 고   골 고 루
10. 어 울 리 는   표 정 을   짓 는

(5급) 3단원 내용을 살펴요

1. 사 과 하 고   화 해 한 다 면
2. 여 러   가 지   옷 차 림
3. 두 께 가   두 껍 고 .
4. 다 뤘 어 도   오 늘   사 르 르
5. 토 를   달 기   때 문 이 야 .
6. 잘 못 을   깨 끗 하 게   인 정 하 고
7. 묶 은   자 루   끝 을   가 지 런 히
8. 앞 치 마 를   두 릅 니 다 .
9. 깨 끗 이   긁 어 내 .
10. 엄 지 손 가 락   굵 기 만 큼 씩   묶 어

(6급) 3단원 내용을 살펴요

1. 이 름 도   가 지 가 지 야 .
2. 강 아 지 가   내   볼 을   핥 아 서
3. 부 끄 러 운   비 밀 을   털 어 놓 는
4. 나 를   내 던 져 서   이 웃 을   돕 는
5. 앞 발 과   뒷 발   모 두
6. 윷 가 락   네   개 를   던 져
7. 끗 수 를   가 리 킨 다 .
8. 우 산 을   잃 어 버 렸 어 요 .
9. 날 아 갈   듯 이   기 쁜   건
10. 가 축 의   이 름 을   따 온   것

(7급) 4단원 마음을 전해요

1. 뭐 가   됐 다 는   거 야 ?
2. 데 굴 데 굴   구 르 며
3. 세 찬   비 가   쏟 아 졌 습 니 다 .
4. 떡 시 루 에   넣 어   쪘 지 .
5. 다 급 해 져 서   대 뜸   외 쳤 어 .
6. 웃 음 을   터 뜨 렸 답 니 다 .
7. " 틀 림 없 이   들 었 네 ."
8. 무   하 나 에   송 아 지   한   마 리
9. 국 밥   냄 새 를   맡 았 으 면
10. 두 꺼 비   등 에   들 러 붙 어

(8급) 4단원 마음을 전해요

1. 왜   그 냥   가 려 는   거 야 ?
2. 구 두 쇠   영 감 에 게   손 짓
3. 이 렇 게   커 다 랗 다 니 !
4. 절 구 에   넣 어   쿵 더 쿵   빻 고
5. 발 을   헛 디 뎌   벼 랑 에 서
6. 손 뼉 을   쳤 어 요 .
7. 2 시   30 분 에   시 작 합 니 다 .
8. 냄 새   맡 은   값 이 라 니 요 ?
9. 어 제   네 가   내   가 방 을
10. 흙 을   나 르 느 라

(9급) 5단원 바른 말로 이야기 나누어요

1. 어느 날 소금을 싣고 가던
2. 물건값 계산이 틀렸습니다.
3. 마치 사막처럼 황량해.
4. 팥밭을 매고 있었어요.
5. 내가 가르쳐 줄게.
6. 무거운 짐을 싣고
7. 머리를 갸우뚱거리며
8. 꽃들은 더욱 만발했고
9. 비밀번호를 잊어버렸어요.
10. 묘목 몇 개씩을 가지런히

(10급) 5단원 바른 말로 이야기 나누어요

1. 먼 훗날을 기약하며
2. 등굣길에 교문 앞에서
3. 동짓날 팥죽을 맛있게
4. 바둥거리다 물속에
5. 절로 휘파람이
6. 색이 바래고 있어요.
7. 섞여서 셀 수 없이
8. 금세 시끌시끌했어요.
9. 샅샅이 뒤졌어요.
10. 눈에 띄었습니다.

(11급) 6단원 매체를 경험해요

1. 아침 식사 시간이에요.
2. 한 번, 두 번, 헉! 세 번
3. 누리집에 올릴 게시물
4. 깨끗이 씻었습니다.
5. 난 더는 못 가겠다.
6. 신경 쓰지 않아도 돼.
7. 땅속에 묻어도 썩지 않는
8. 마음이 뒤숭숭한
9. 양쪽 두 볼을 세게 꼬집어
10. 저 풀은 이름이 뭐예요?

(12급) 7단원 내 생각은 이래요

1. 왜 책임이 필요하죠?
2. 귀찮고 힘들다는 생각
3. 뒤뜰을 자유롭게 꾸며
4. 몸무게를 조절하는 데에도
5. 목에 방울을 달기만 하면
6. 며칠 동안만 꾸준히
7. 집게 같은 도구를 챙겨야
8. 더 오래, 더 빠르게
9. 우리가 힘을 합쳐
10. 에티켓을 꼭 지키도록 하자.

(13급) 7단원 내 생각은 이래요

1. 모르는 척 그냥 가 버리는
2. 목줄 없이 풀어 놓는 것은
3. 알을 낳겠네?
4. 쓴 글을 펼쳐 둔다.
5. 지금 다섯 시야.
6. 돌보는 일이 어렵지
7. 시간이 조금 남아서 괜찮아.
8. 가까이 한번 가 보자.
9. 댓글 알림판에 붙임쪽지를
10. 단풍을 보러 가는 건 어때

(14급) 8단원 나도 작가

1. 퍼뜩 몸을 떨다가
2. 누굴 만나는지 몰라
3. 뚱뚱하게 옷 껴입고
4. 흠뻑 젖은 채
5. 이루어질 것 같았지요.
6. 눈 내린 등굣길
7. 꼬리를 살랑살랑
8. 곰곰이 생각했어요.
9. 두 눈 감고 중얼중얼
10. 문 앞에 낯선 덩치가

(15급) 8단원 나도 작가

1. 한 줄로 선 살찐 오리들
2. 날마다 가는 길인데도
3. 난롯가에서 몸을 말리고
4. 엄마 아빠가 본체만체하거나
5. 깨울까 말까 고민을 했다.
6. 낚시꾼의 오두막이지만
7. 쌓인 눈을 밟을 때
8. 강 쪽에서 거센 바람
9. 나무에 앉은 흰 눈
10. 깨울까 말까 고민을 했다.

또박또박 여러 번 읽어 보세요.

★ **1급** **1단원** **장면을 상상하며**

① 단 짝 끼 리　　오 순 도 순
② 쏟 고 , 흘 리 고 , 묻 히 고
③ 뒤 꽁 무 니 부 터　　잘 근 잘 근
④ 엉 금 엉 금　　기 어　　오 더 니
⑤ 망 가 뜨 릴 지 도　　몰 라 .
⑥ 꼬 물 꼬 물　　움 직 이 는　　게
⑦ 다　　풀 어　　놓 았 어 .
⑧ 지 혜 롭 게　　여 우 를　　골 탕
⑨ 조 금　　매 콤 하 고
⑩ 빗 자 루 를　　진 짜　　새 처 럼

읽었어요!

| ① | ② | ③ | ④ |

공부한 날 _____월 _____일

11

바른 자세로 하나하나 따라 써 보세요.

① 단짝끼리 오순도순

단짝끼리 오순도순

② 쏟고, 흘리고, 묻히고

쏟고, 흘리고, 묻히고

③ 뒤꽁무니부터 잘근잘근

뒤꽁무니부터 잘근잘근

④ 엉금엉금 기어 오더니

엉금엉금 기어 오더니

⑤ 망가뜨릴지도 몰라.

망가뜨릴지도 몰라.

⑥ 꼬물꼬물 움직이는 게

⑦ 다 풀어 놓았어.

⑧ 지혜롭게 여우를 골탕

⑨ 조금 매콤하고

⑩ 빗자루를 진짜 새처럼

순서대로 숫자를 연결해서 아기 오리를 그리고 색칠해 보세요.

1급 실천 Test

불러 주는 문장을 잘 듣고 받아 써 보세요.

번호	받아쓰기

칭찬해 주세요!

잘했어요	최고예요

불러 주는 문장을 잘 듣고 받아 써 보세요.

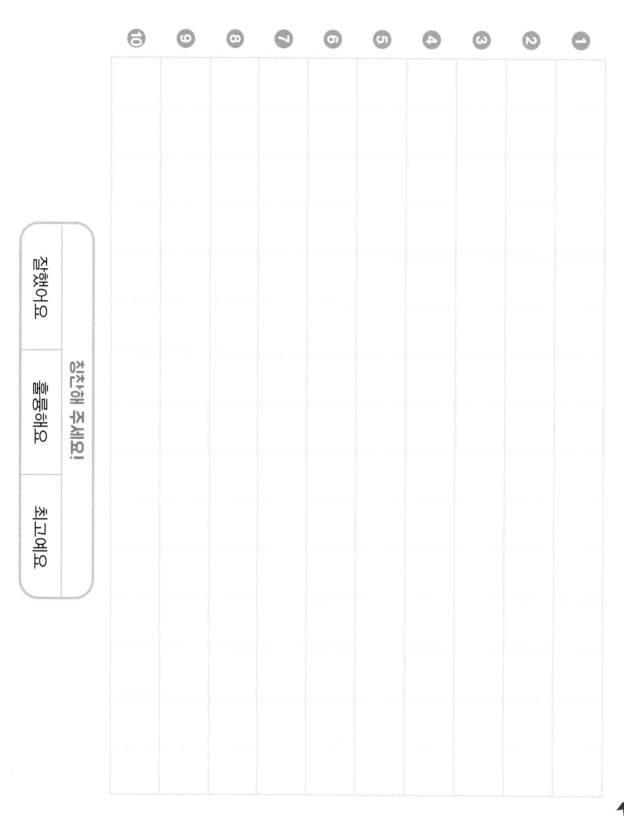

① ② ③ ④ ⑤ ⑥ ⑦ ⑧ ⑨ ⑩

칭찬해 주세요!

참 잘했어요

훌륭해요

최고예요

돌려서 사용해요!

★ 2급 1단원 장면을 상상하며

1. 찾으러 나가야 하나?
2. 호로록호로록, 두 입 먹으면
3. 녀석들이 쳐들어오면?
4. 막아 줄 테니
5. 콧잔등에 맛있는 짜장
6. 아빠 턱에 묻은 고추장이
7. 늘 하얗게 만들려고
8. 점점 난장판이 되었어.
9. 입속에 침이 고이는걸
10. 두꺼비가 물독의 깨진

읽었어요!

| ① | ② | ③ | ④ |

❶ 찾으러 나가야 하나?

❷ 호로록호로록, 두 입

먹으면

❸ 녀석들이 쳐들어오면?

❹ 막아 줄 테니

⑤ 콧 잔 등 에　　맛 있 는　　짜 장

⑥ 아 빠　　턱 에　　묻 은　　고 추

장 이

⑦ 늘　　하 얗 게　　만 들 려 고

⑧ 점 점　　난 장 판 이　　되 었 어 .

⑨ 입 속 에　침 이　고 이 는 걸

⑩ 두 꺼 비 가　물 독 의　깨 진

불러 주는 문장을 잘 듣고 받아 써 보세요.

번호	받아쓰기

칭찬해 주세요!	
잘했어요	최고예요

가로노트 연습

불러 주는 문장을 잘 듣고 받아 써 보세요.

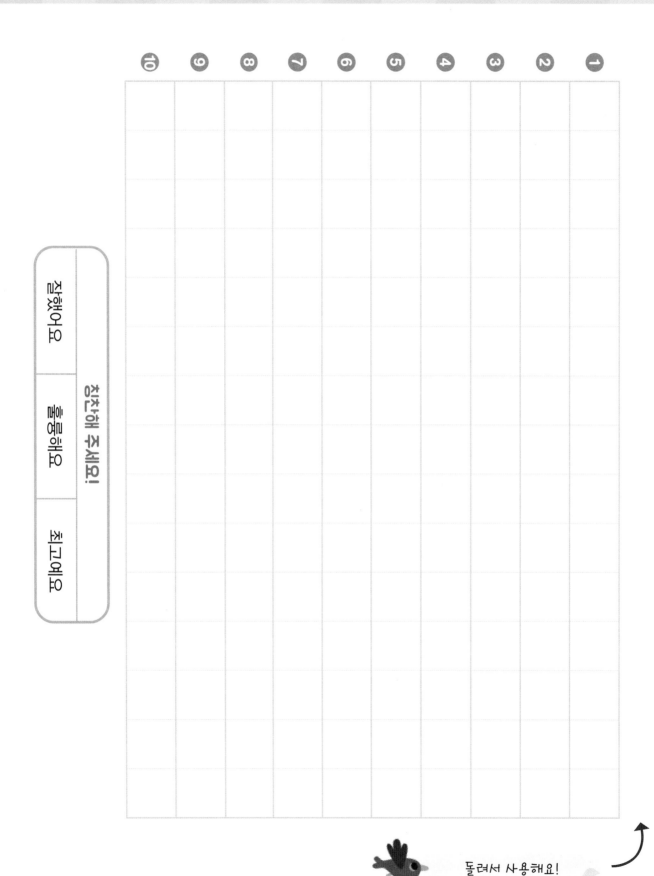

참 잘했어요!

칭찬해 주세요!

참 잘했어요

훌륭해요

최고예요

돌려서 사용해요!

★ 3급 2단원 **서로 존중해요**

❶ 네 가위 좀 빌려줄래?
❷ 칭찬하는 점과 그 까닭이
❸ 이 까불이 토끼야!
❹ 꽃같이 예쁜 말
❺ 잘 먹는 네가 멋져
❻ 비속어를 사용하면 안 돼.
❼ 너와 헤어져서 아쉬워.
❽ 귀찮으니까 정리하지 말고
❾ 물건을 떨어뜨려서 미안해
❿ 입을 크게 벌리고 짖는 개

읽었어요!

①	②	③	④

공부한 날 _____ 월 _____ 일

23

① 네 가위 좀 빌려줄래?

② 칭찬하는 점과 그 까

닭이

③ 이 까불이 토끼야!

④ 꽃같이 예쁜 말

⑤ 잘 먹는 네가 멋져

⑥ 비속어를 사용하면 안

돼.

⑦ 너와 헤어져서 아쉬워.

⑧ 귀찮으니까 정리하지

말 고

⑨ 물 건 을　　떨 어 뜨 려 서　　미

안 해

⑩ 입 을　　크 게　　벌 리 고　　짖

는　개

3급 실천 Test

불러 주는 문장을 잘 듣고 받아 써 보세요.

번호	받아쓰기
◯	
◯	
◯	
◯	
◯	
◯	
◯	
◯	
◯	
◯	
◯	
◯	

칭찬해 주세요!	
잘했어요	최고예요

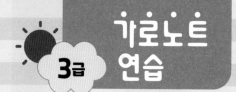
불러 주는 문장을 잘 듣고 받아 써 보세요.

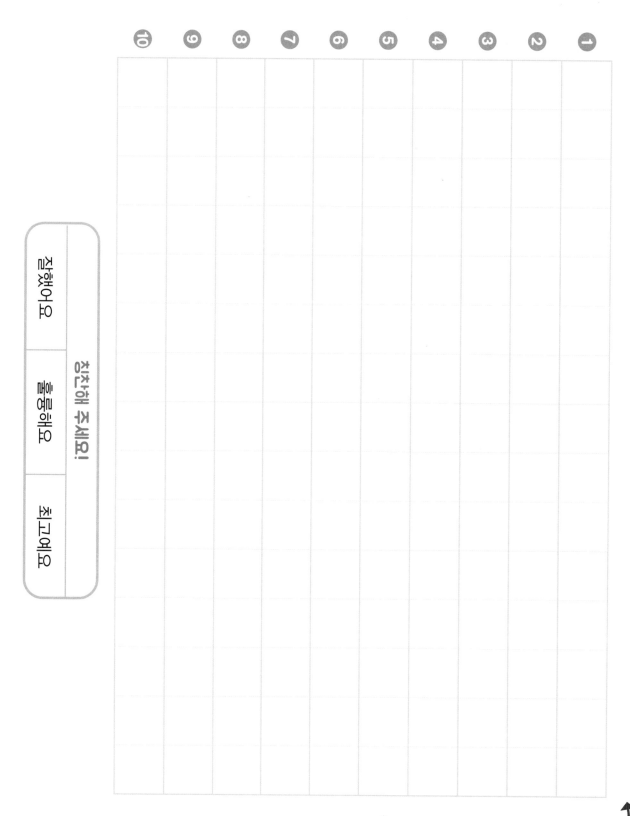

칭찬해 주세요!

잘했어요	훌륭해요	최고예요

돌려서 사용해요!

★ 4급 2단원 서로 존중해요

① 찌 푸 린   표 정 으 로
② 방 법 을   여 쭤 보 면
③ 맞 장 구   쳐   준 다 .
④ 기 분 이   상 하 지   않 게
⑤ 책 꽂 이 를   사 용 하 면
⑥ 앗 ,   깜 짝 이 야 !
⑦ 머 리 맡 에   두 고   자 는
⑧ 경 기 에   져 서   속 상 해 .
⑨ 남 기 지   않 고   골 고 루
⑩ 어 울 리 는   표 정 을   짓 는

읽었어요!

| ① | ② | ③ | ④ |

공부한 날 _____월 _____일

❶ 찌푸린 표정으로

찌푸린 표정으로

❷ 방법을 여쭤보면

방법을 여쭤보면

❸ 맞장구 쳐 준다.

맞장구 쳐 준다.

❹ 기분이 상하지 않게

기분이 상하지 않게

❺ 책꽂이를 사용하면

책꽂이를 사용하면

⑥ 앗, 깜짝이야!

⑦ 머리맡에   두고   자는

⑧ 경기에   져서   속상해.

⑨ 남기지   않고   골고루

⑩ 어울리는   표정을   짓는

그림에 맞는 그림자를 찾아 연결해 보세요.

실천
Test

불러 주는 문장을 잘 듣고 받아 써 보세요.

번호	받아쓰기
○	
○	
○	
○	
○	
○	
○	
○	
○	

칭찬해 주세요!	
잘했어요	최고예요

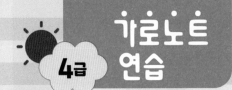

불러 주는 문장을 잘 듣고 받아 써 보세요.

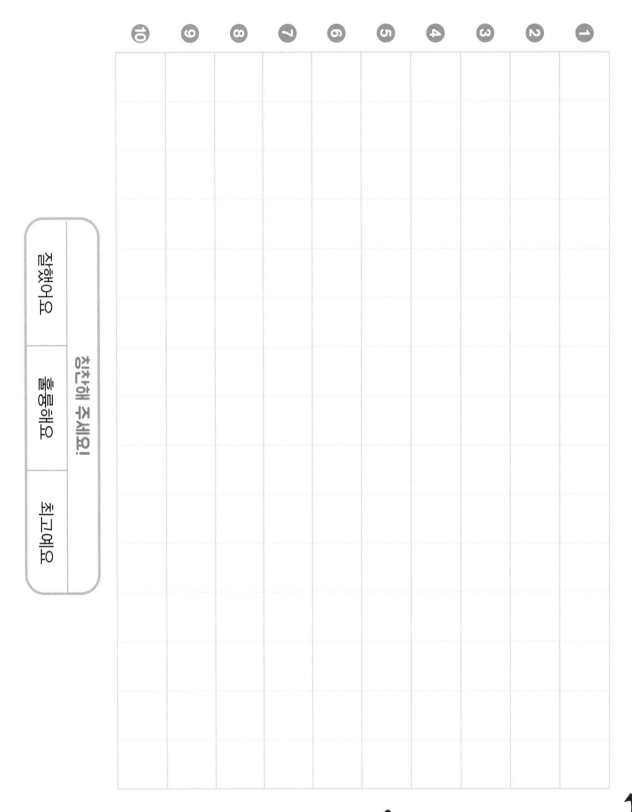

칭찬해 주세요!

잘했어요	훌륭해요	최고예요

돌려서 사용해요!

★ 5급 3단원 내용을 살펴요

① 사과하고   화해한다면
② 여러   가지   옷차림
③ 두께가   두껍고,
④ 다뤘어도   오늘   사르르
⑤ 토를   달기   때문이야.
⑥ 잘못을   깨끗하게   인정하고
⑦ 묶은   자루   끝을   가지런히
⑧ 앞치마를   두릅니다.
⑨ 깨끗이   긁어내.
⑩ 엄지손가락   굵기만큼씩   묶어

읽었어요!

| ① | ② | ③ | ④ |

공부한 날 _____ 월 _____ 일

❶ 사 과 하 고 　 화 해 한 다 면

❷ 여 러 　 가 지 　 옷 차 림

❸ 두 께 가 　 두 껍 고 ,

❹ 다 뒀 어 도 　 오 늘 　 사 르 르

❺ 토 를 　 달 기 　 때 문 이 야 .

⑥ 잘못을 깨끗하게 인정

하고

⑦ 묶은 자루 끝을 가지

런히

⑧ 앞치마를 두릅니다.

⑨ 깨끗이   긁어내.

⑩ 엄지손가락   굵기만큼씩

묶어

불러 주는 문장을 잘 듣고 받아 써 보세요.

번호	받아쓰기
○	
○	
○	
○	
○	
○	
○	
○	
○	
○	

칭찬해 주세요!	
잘했어요	최고예요

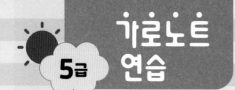

불러 주는 문장을 잘 듣고 받아 써 보세요.

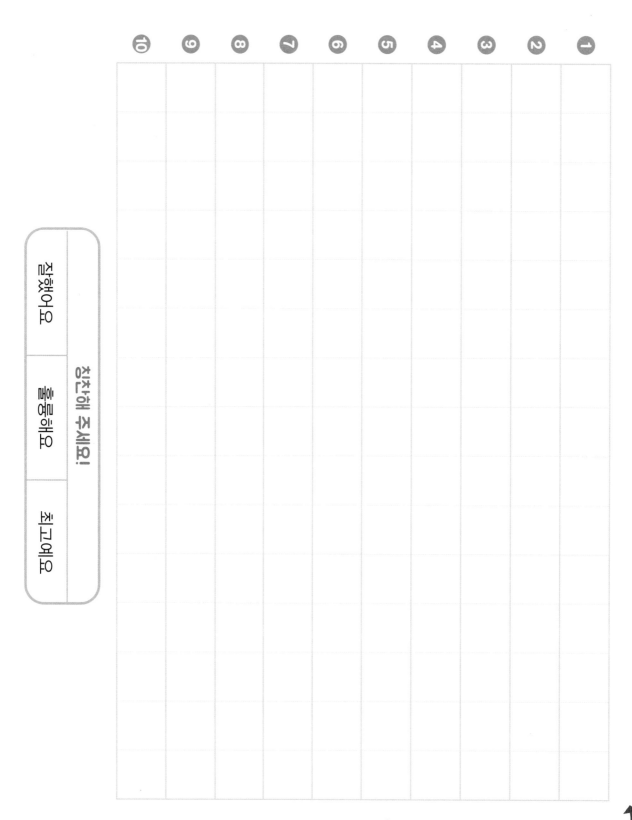

참 잘했어요!

참 잘했어요

훌륭해요

최고예요

돌려서 사용해요!

★ 6급 3단원 내용을 살펴요

① 이름도 가지가지야.

② 강아지가 내 볼을 핥아서

③ 부끄러운 비밀을 털어놓는

④ 나를 내던져서 이웃을 돕는

⑤ 앞발과 뒷발 모두

⑥ 윷가락 네 개를 던져

⑦ 끗수를 가리킨다.

⑧ 우산을 잃어버렸어요.

⑨ 날아갈 듯이 기쁜 건

⑩ 가축의 이름을 따온 것

읽었어요!

| ① | ② | ③ | ④ |

공부한 날 _____ 월 _____ 일

41

① 이름도　가지가지야.

이름도　가지가지야.

② 강아지가　내　볼을　핥

강아지가　내　볼을　핥

아서

아서

③ 부끄러운　비밀을　털어

부끄러운　비밀을　털어

놓는

놓는

④ 나를 내던져서 이웃을

돕는

⑤ 앞발과 뒷발 모두

⑥ 윷가락 네 개를 던져

⑦ 끗수를 가리킨다.

⑧ 우산을 잃어버렸어요.

⑨ 날아갈 듯이 기쁜 건

⑩ 가축의 이름을 따온

것

불러 주는 문장을 잘 듣고 받아 써 보세요.

번호	받아쓰기

칭찬해 주세요!	
잘했어요	최고예요

6급

가로노트
연습

불러 주는 문장을 잘 듣고 받아 써 보세요.

⑩ ⑨ ⑧ ⑦ ⑥ ⑤ ④ ③ ② ①

칭찬해 주세요!

잘했어요 훌륭해요 최고예요

돌려서 사용해요!

★ 7급 4단원 **마음을 전해요**

① 뭐가 됐다는 거야?
② 데굴데굴 구르며
③ 세찬 비가 쏟아졌습니다.
④ 떡시루에 넣어 졌지.
⑤ 다급해져서 대뜸 외쳤어.
⑥ 웃음을 터뜨렸답니다.
⑦ "틀림없이 들었네."
⑧ 무 하나에 송아지 한 마리
⑨ 국밥 냄새를 맡았으면
⑩ 두꺼비 등에 들러붙어

읽었어요!

①	②	③	④

공부한 날 _____월 _____일

따라쓰기 연습

❶ 뭐가   됐다는   거야?

뭐가   됐다는   거야?

❷ 데굴데굴   구르며

데굴데굴   구르며

❸ 세찬   비가   쏟아졌습니

세찬   비가   쏟아졌습니

다.

다.

❹ 떡시루에   넣어   졌지.

떡시루에   넣어   졌지.

⑤ 다급해져서 대뜸 외쳤
어.

⑥ 웃음을 터뜨렸답니다.

⑦ "틀림없이 들었네."

⑧ 무 하나에 송아지 한

마 리

마 리

⑨ 국 밥　냄 새 를　맡 았 으 면

국 밥　냄 새 를　맡 았 으 면

⑩ 두 꺼 비　등 에　들 러 붙 어

두 꺼 비　등 에　들 러 붙 어

불러 주는 문장을 잘 듣고 받아 써 보세요.

번호	받아쓰기

칭찬해 주세요!

잘했어요	최고예요

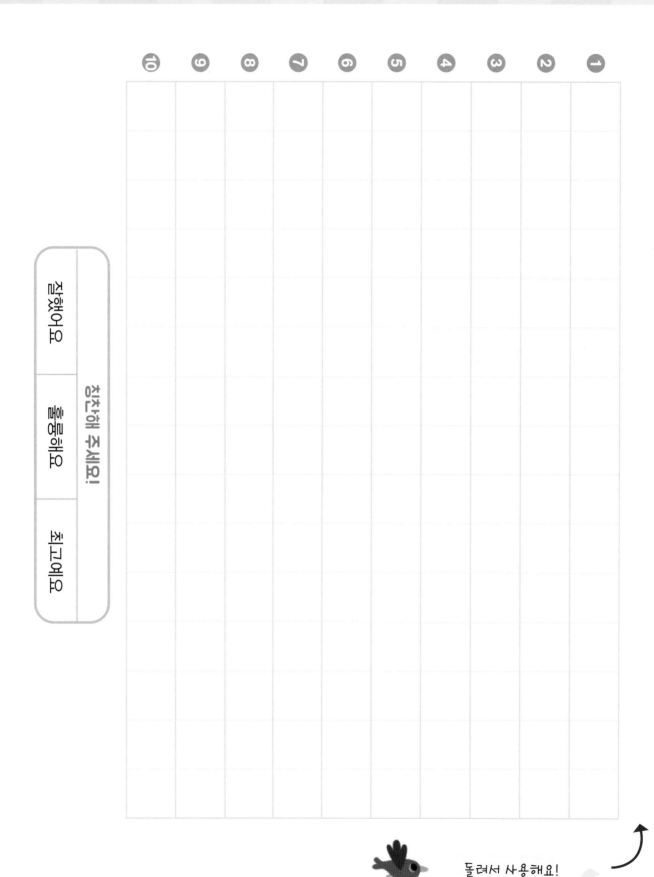

7급

가로노트
연습

불러 주는 문장을 잘 듣고 받아 써 보세요.

⑩ ⑨ ⑧ ⑦ ⑥ ⑤ ④ ③ ② ①

칭찬해 주세요!

잘했어요

훌륭해요

최고예요

돌려서 사용해요!

★ 8급 4단원 **마음을 전해요**

① 왜 그냥 가려는 거야?
② 구두쇠 영감에게 손짓
③ 이렇게 커다랗다니!
④ 절구에 넣어 쿵더쿵 빻고
⑤ 발을 헛디뎌 벼랑에서
⑥ 손뼉을 쳤어요.
⑦ 2시 30분에 시작합니다.
⑧ 냄새 맡은 값이라니요?
⑨ 어제 네가 내 가방을
⑩ 흙을 나르느라

읽었어요!

| ① | ② | ③ | ④ |

공부한 날 _____ 월 _____ 일

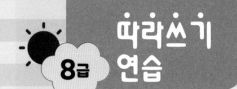
① 왜 그냥 가려는 거야?

② 구두쇠 영감에게 손짓

③ 이렇게 커다랗다니!

④ 절구에 넣어 쿵더쿵

빵고

54

⑤ 발을　헛디뎌　벼랑에서

⑥ 손뼉을　쳤어요.

⑦ 2시　30분에　시작합니

다.

⑧ 냄새　맡은　값이라니요?

⑨ 어제　네가　내　가방을

⑩ 흙을　나르느라

8급

불러 주는 문장을 잘 듣고 받아 써 보세요.

번호	받아쓰기

칭찬해 주세요!	
잘했어요	최고예요

가로노트 연습

불러 주는 문장을 잘 듣고 받아 써 보세요.

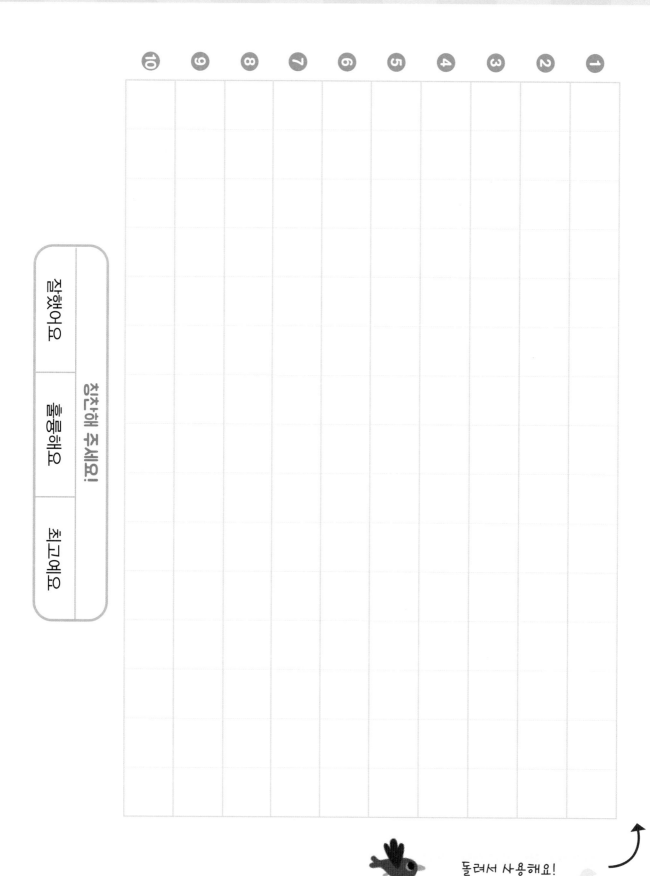

① ② ③ ④ ⑤ ⑥ ⑦ ⑧ ⑨ ⑩

칭찬해 주세요!

잘했어요 | 훌륭해요 | 최고예요

돌려서 사용해요!

★ 9급 5단원 **바른 말로 이야기 나누어요**

① 어느 날 소금을 싣고 가던
② 물건값 계산이 틀렸습니다.
③ 마치 사막처럼 황량해.
④ 팥밭을 매고 있었어요.
⑤ 내가 가르쳐 줄게.
⑥ 무거운 짐을 싣고
⑦ 머리를 갸우뚱거리며
⑧ 꽃들은 더욱 만발했고
⑨ 비밀번호를 잊어버렸어요.
⑩ 묘목 몇 개씩을 가지런히

읽었어요!

①	②	③	④

공부한 날 _____월 _____일

바른 자세로 하나하나 따라 써 보세요.

❶ 어느 날 소금을 싣고

가던

❷ 물건값 계산이 틀렸습

니다.

❸ 마치 사막처럼 황량해.

④ 팥밭을 매고 있었어요.

⑤ 내가 가르쳐 줄게.

⑥ 무거운 짐을 싣고

⑦ 머리를 갸우뚱거리며

⑧ 꽃들은 더욱 만발했고

⑨ 비밀번호를 잊어버렸어

요.

⑩ 묘목 몇 개씩을 가지

런히

실천 Test

불러 주는 문장을 잘 듣고 받아 써 보세요.

번호	받아쓰기
○	
○	
○	
○	
○	
○	
○	
○	
○	
○	
○	
○	

칭찬해 주세요!	
잘했어요	최고예요

불러 주는 문장을 잘 듣고 받아 써 보세요.

⑩ ⑨ ⑧ ⑦ ⑥ ⑤ ④ ③ ② ①

참 잘했어요   훌륭해요   최고예요

참 잘해 주세요!

돌려서 사용해요!

★ 10급 5단원 바른 말로 이야기 나누어요

❶ 먼 훗날을 기약하며
❷ 등굣길에 교문 앞에서
❸ 동짓날 팥죽을 맛있게
❹ 바둥거리다 물속에
❺ 절로 휘파람이
❻ 색이 바래고 있어요.
❼ 섞여서 셀 수 없이
❽ 금세 시끌시끌했어요.
❾ 샅샅이 뒤졌어요.
❿ 눈에 띄었습니다.

읽었어요!

| ① | ② | ③ | ④ |

공부한 날 _____ 월 _____ 일

① 먼 훗날을 기약하며

② 등굣길에 교문 앞에서

③ 동짓날 팥죽을 맛있게

④ 바둥거리다 물속에

⑤ 절로 휘파람이

6 색이 바래고 있어요.

7 섞여서 셀 수 없이

8 금세 시끌시끌했어요.

9 샅샅이 뒤졌어요.

10 눈에 띄었습니다.

미로를 따라가 어울리는 그림을 찾아 보세요.

불러 주는 문장을 잘 듣고 받아 써 보세요.

번호	받아쓰기

칭찬해 주세요!	
잘했어요	최고예요

불러 주는 문장을 잘 듣고 받아 써 보세요.

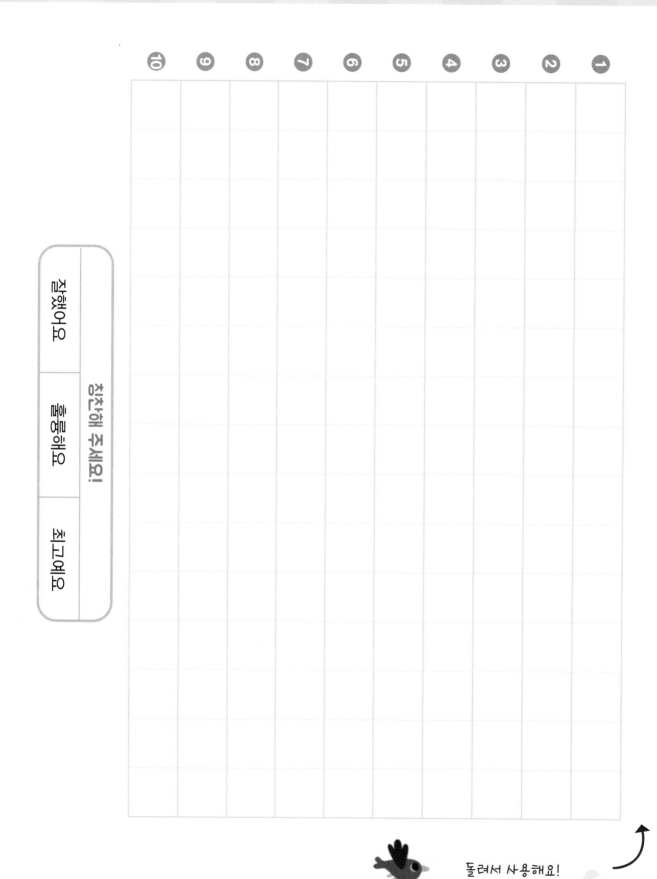

참 잘했어요!

잘했어요 | 훌륭해요 | 최고예요

돌려서 사용해요!

★ 11급 6단원 매체를 경험해요

❶ 아침 식사 시간이에요.
❷ 한 번, 두 번, 헉! 세 번
❸ 누리집에 올릴 게시물
❹ 깨끗이 씻었습니다.
❺ 난 더는 못 가겠다.
❻ 신경 쓰지 않아도 돼.
❼ 땅속에 묻어도 썩지 않는
❽ 마음이 뒤숭숭한
❾ 양쪽 두 볼을 세게 꼬집어
❿ 저 풀은 이름이 뭐예요?

읽었어요!

| ① | ② | ③ | ④ |

공부한 날 _____ 월 _____ 일

71

바른 자세로 하나하나 따라 써 보세요.

❶ 아침 식사 시간이에요.

❷ 한 번, 두 번, 헉!

세 번

❸ 누리집에 올릴 게시물

❹ 깨끗이 씻었습니다.

72

⑤ 난 더는 못 가겠다.

⑥ 신경 쓰지 않아도 돼.

⑦ 땅속에 묻어도 썩지

않는

⑧ 마음이 뒤숭숭한

⑨ 양쪽 두 볼을 세게

양쪽 두 볼을 세게

꼬집어

꼬집어

⑩ 저 풀은 이름이 뭐예

저 풀은 이름이 뭐예

요 ?

요 ?

불러 주는 문장을 잘 듣고 받아 써 보세요.

번호	받아쓰기
○	
○	
○	
○	
○	
○	
○	
○	
○	
○	
○	

칭찬해 주세요!	
잘했어요	최고예요

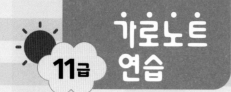

11급

가로노트
연습

불러 주는 문장을 잘 듣고 받아 써 보세요.

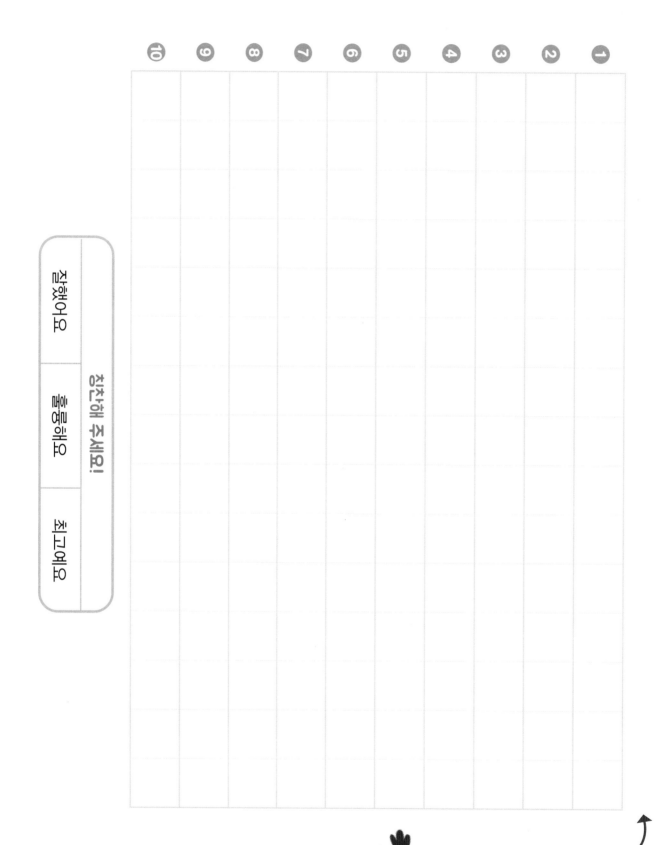

칭찬해 주세요!

참 잘했어요 | 훌륭해요 | 최고예요

돌려서 사용해요!

★ 12급 7단원 내 생각은 이래요

① 왜 책임이 필요하죠?
② 귀찮고 힘들다는 생각
③ 뒤뜰을 자유롭게 꾸며
④ 몸무게를 조절하는 데에도
⑤ 목에 방울을 달기만 하면
⑥ 며칠 동안만 꾸준히
⑦ 집게 같은 도구를 챙겨야
⑧ 더 오래, 더 빠르게
⑨ 우리가 힘을 합쳐
⑩ 에티켓을 꼭 지키도록 하자.

읽었어요!			
①	②	③	④

공부한 날 _____ 월 _____ 일

① 왜 책임이 필요하죠?

왜 책임이 필요하죠?

② 귀찮고 힘들다는 생각

귀찮고 힘들다는 생각

③ 뒤뜰을 자유롭게 꾸며

뒤뜰을 자유롭게 꾸며

④ 몸무게를 조절하는 데

몸무게를 조절하는 데

에도

에도

⑤ 목에 방울을 달기만

하면

⑥ 며칠   동안만 꾸준히

⑦ 집게   같은   도구를   챙

겨야

⑧ 더 오래, 더 빠르게

⑨ 우리가 힘을 합쳐

⑩ 에티켓을 꼭 지키도록

하자.

불러 주는 문장을 잘 듣고 받아 써 보세요.

번호	받아쓰기

칭찬해 주세요!

잘했어요	최고예요

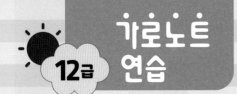

가로노트 연습

불러 주는 문장을 잘 듣고 받아 써 보세요.

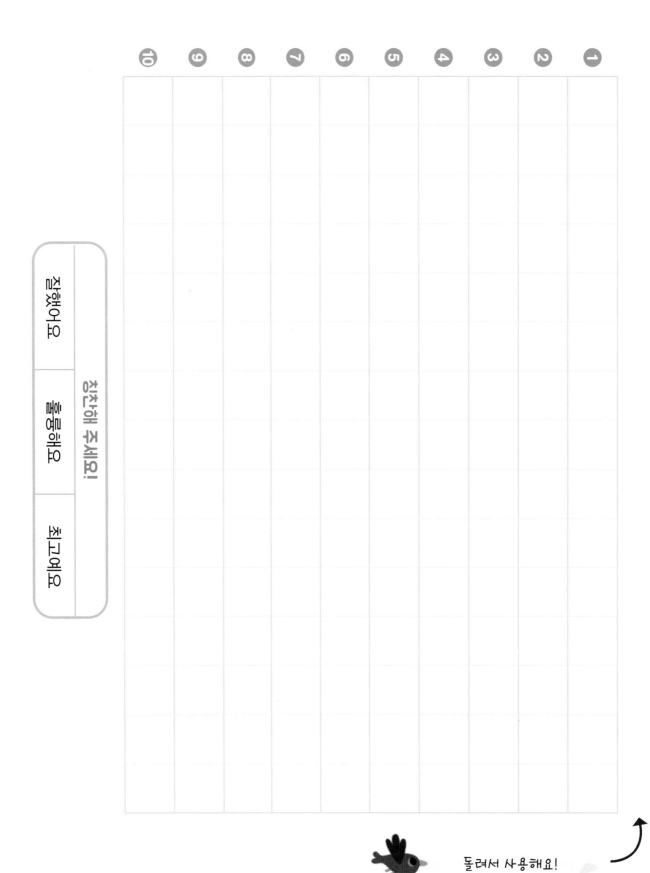

⑩ ⑨ ⑧ ⑦ ⑥ ⑤ ④ ③ ② ①

칭찬해 주세요!

참 잘했어요

훌륭해요

최고예요

돌려서 사용해요!

★ 13급 7단원 내 생각은 이래요

① 모르는 척 그냥 가 버리는
② 목줄 없이 풀어 놓는 것은
③ 알을 낳겠네?
④ 쓴 글을 펼쳐 둔다.
⑤ 지금 다섯 시야.
⑥ 돌보는 일이 어렵지
⑦ 시간이 조금 남아서 괜찮아.
⑧ 가까이 한번 가 보자.
⑨ 댓글 알림판에 붙임쪽지를
⑩ 단풍을 보러 가는 건 어때

읽었어요!			
①	②	③	④

공부한 날 _____월 _____일

바른 자세로 하나하나 따라 써 보세요.

❶ 모르는 척 그냥 가 버리는

모르는 척 그냥 가 버리는

❷ 목줄 없이 풀어 놓는 것은

목줄 없이 풀어 놓는 것은

❸ 알을 낳겠네?

알을 낳겠네?

④ 쓴 글을 펼쳐 둔다.

⑤ 지금 다섯 시야.

⑥ 돌보는 일이 어렵지

⑦ 시간이 조금 남아서

괜찮아.

⑧ 가까이 한번 가보자.

⑨ 댓글 알림판에 붙임쪽

지를

⑩ 단풍을 보러 가는 건

어때

실천 Test

불러 주는 문장을 잘 듣고 받아 써 보세요.

번호	받아쓰기
○	
○	
○	
○	
○	
○	
○	
○	
○	
○	
○	
○	

칭찬해 주세요!	
잘했어요	최고예요

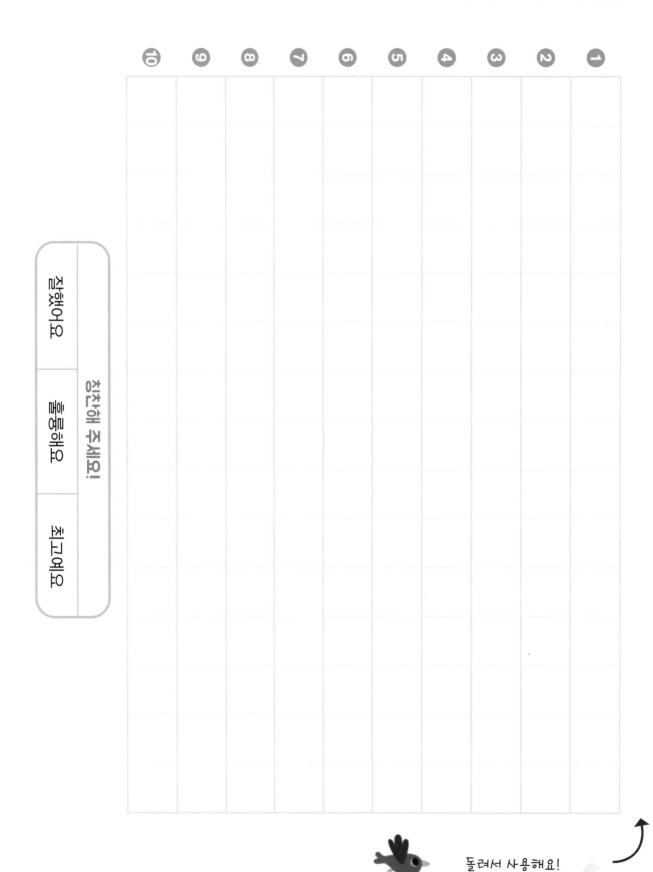

칭찬해 주세요!

잘했어요 | 훌륭해요 | 최고예요

돌려서 사용해요!

★ 14급 8단원 나도 작가

1. 퍼뜩 몸을 떨다가
2. 누굴 만나는지 몰라
3. 뚱뚱하게 옷 껴입고
4. 흠뻑 젖은 채
5. 이루어질 것 같았지요.
6. 눈 내린 등굣길
7. 꼬리를 살랑살랑
8. 곰곰이 생각했어요.
9. 두 눈 감고 중얼중얼
10. 문 앞에 낯선 덩치가

읽었어요!

| ① | ② | ③ | ④ |

공부한 날 _____ 월 _____ 일

① 퍼뜩 몸을 떨다가

퍼뜩 몸을 떨다가

② 누굴 만나는지 몰라

누굴 만나는지 몰라

③ 뚱뚱하게 옷 껴입고

뚱뚱하게 옷 껴입고

④ 흠뻑 젖은 채

흠뻑 젖은 채

⑤ 이루어질 것 같았지요.

이루어질 것 같았지요

⑥ 눈 내린 등굣길

⑦ 꼬리를 살랑살랑

⑧ 곰곰이 생각했어요.

⑨ 두 눈 감고 중얼중얼

⑩ 문 앞에 낯선 덩치가

귀여운 아기 공룡을 예쁘게 색칠해 보세요.

14급 실천 Test

불러 주는 문장을 잘 듣고 받아 써 보세요.

번호	받아쓰기

칭찬해 주세요!

잘했어요	최고예요

가로노트 연습

14급

불러 주는 문장을 잘 듣고 받아 써 보세요.

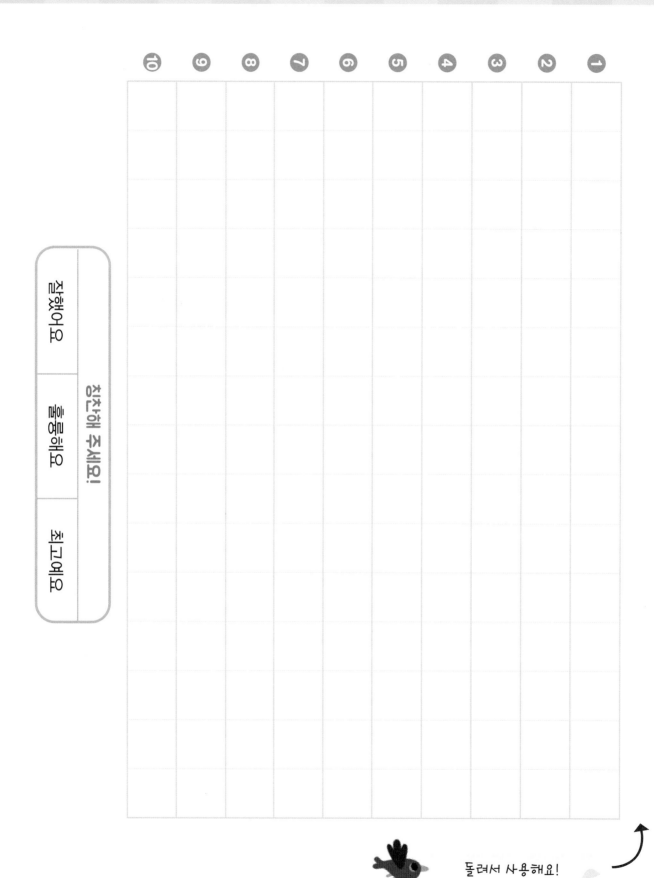

참 잘했어요	칭찬해 주세요! 훌륭해요	최고예요

돌려서 사용해요!

또박또박 여러 번 읽어 보세요.

★ 15급 8단원 **나도 작가**

① 한 줄로 선 살찐 오리들
② 날마다 가는 길인데도
③ 난롯가에서 몸을 말리고
④ 엄마 아빠가 본체만체하거나
⑤ 깨울까 말까 고민을 했다.
⑥ 낚시꾼의 오두막이지만
⑦ 쌓인 눈을 밟을 때
⑧ 강 쪽에서 거센 바람
⑨ 나무에 앉은 흰 눈
⑩ 깨울까 말까 고민을 했다.

읽었어요!

①	②	③	④

공부한 날 _____월 _____일

① 한 줄로 선 살찐 오

리들

② 날마다 가는 길인데도

③ 난롯가에서 몸을 말리

고

④ 엄마 아빠가 본체만체
하거나

⑤ 깨울까 말까 고민을
했다 .

⑥ 낚시꾼의 오두막이지만

7 쌓인 눈을 밟을 때

쌓인 눈을 밟을 때

8 강 쪽에서 거센 바람

강 쪽에서 거센 바람

9 나무에 앉은 흰 눈

나무에 앉은 흰 눈

10 깨울까 말까 고민을

깨울까 말까 고민을

했다.

했다.

실천 Test

15급

불러 주는 문장을 잘 듣고 받아 써 보세요.

번호	받아쓰기
○	
○	
○	
○	
○	
○	
○	
○	
○	
○	
○	
○	

칭찬해 주세요!	
잘했어요	최고예요

불러 주는 문장을 잘 듣고 받아 써 보세요.

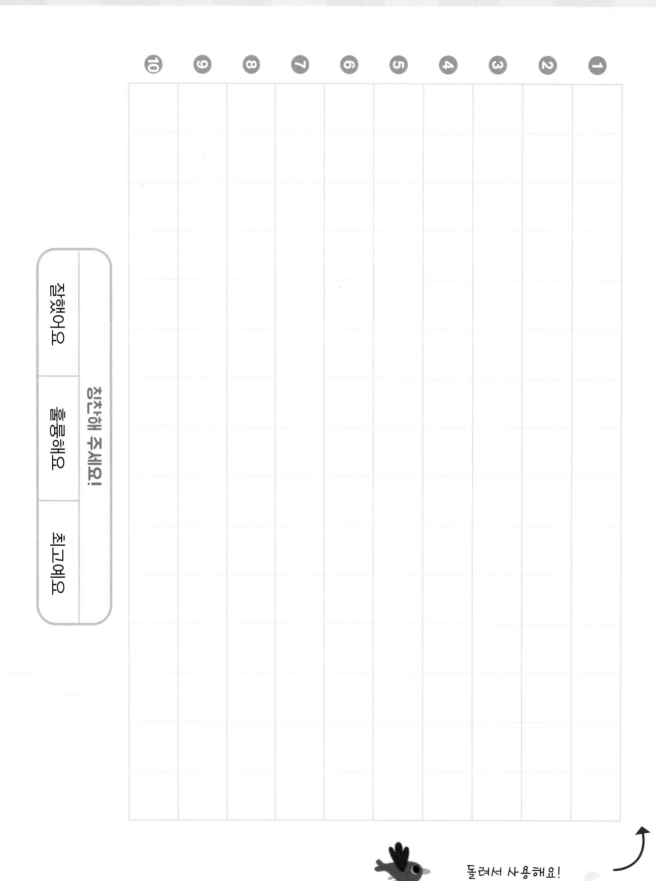

참 잘했어요!

참 잘했어요

훌륭해요

최고예요

돌려서 사용해요!